L'extase du selfie

et autres gestes qui nous disent

Philippe Delerm

L'extase du selfie

et autres gestes qui nous disent

Éditions du Seuil
57, rue Gaston-Tessier, Paris XIXe

IL A ÉTÉ TIRÉ DE CET OUVRAGE TRENTE EXEMPLAIRES
DONT VINGT-CINQ EXEMPLAIRES DE VENTE
ET CINQ HORS COMMERCE NUMÉROTÉS DE H.C. I À H.C. V
CONSTITUANT L'ÉDITION ORIGINALE

ISBN 978-2-02-134282-6 (éd. brochée)
ISBN 978-2-02-142899-5 (éd. de luxe)

www.seuil.com

Les embarras du vapotage

Fumer, c'est mal. Redoutable pour soi, et aussi pour les autres. L'idée s'est installée, avec beaucoup d'ahans, beaucoup de peine. Davantage que les phrases dissuasives, davantage que les photos apoplectiques des muqueuses rongées, l'anonymat des paquets de cigarettes aura fini par l'emporter. Ou presque. Mais c'est sans doute dans la gestuelle que le besoin de fumer subit sa récession la plus spectaculaire. Avec le vapotage, l'aveu public de l'addiction a pris une apparence un peu furtive, un peu honteuse. On n'ose pas même dire que la cigarette électronique se fume. Elle se biberonne en retrait, visage penché, regard fuyant. C'est comme le camouflage approximatif des adolescents dans les couloirs de lycée autrefois, dissimulant entre deux bouffées leur bâton fumant sous le caban, dissipant de l'autre main les volutes trop assoupies.

Pourtant, le vapotage ne se cache pas. Mais la combustion appelle une forme de repli, et presque de rétractation. Il y a là une expression purement matérielle a priori, dépendante de l'objet. Mais on ne peut s'empêcher d'y ajouter une dimension sociétale, et d'y glisser un peu d'éthique inconsciente. La cigarette électronique est par essence un ersatz. Avec elle, la dépendance ne saurait être triomphante. La vraie cigarette reste en encombrant et diaphane suspens au-dessus de sa remplaçante. Elle s'incarnait, elle s'incarne encore dans des mythologies variées, des postures allant de la virilité la plus compacte à la féminité la plus mystérieuse. Elle était, elle est encore à la fois Humphrey Bogart et Lauren Bacall. Elle est pour toujours ce nuage atomique d'intelligence planant sur les émissions de Bernard Pivot et de Michel Polac. Elle est Gainsbourg glissant vers Gainsbarre, un fumeur de Gitanes provoquant la mort. Son style, son éloquence ont le charme du suicide savouré.

Rien de tel avec le vapotage. On l'a cru d'abord inoffensif, ce qui est bien insultant pour un rituel d'autodestruction. Un doute s'est levé, qui ne profite pas encore à l'avènement d'une mythologie nouvelle. C'est à cause du geste. Triste dans son recueillement, son aparté, son jansénisme retranché d'épicurien maussade. Un jour il y aura peut-être un Gainsbourg vapoteur. On ne peut pas vraiment l'imaginer. En attendant, il nous faut vivre, ou bien fumer. Car fumer tue. Mais vivre tue, aussi.

Un verre à la main sans le boire

On a le verre de vin à la main, trois doigts en prise sur son galbe, le pouce vers le corps, l'index et le majeur à l'extérieur, annulaire et auriculaire dispensés de la mise en scène. Car c'est un jeu, d'emblée, une posture – même et surtout si l'on feint de regarder ailleurs, de se livrer à la conversation. Tout est délectable.

Le haut du verre pourrait paraître menacé, mais l'arrondi de son assise est bien campé dans la main ferme qui cache et semble protéger le vin rouge ou le blanc – presque toujours le rouge. C'est un geste du soir, plutôt quand on est deux, que les paroles peuvent s'espacer, laisser la place à des clairières de silence. On dînera peut-être, ou presque pas. Ou bien on a dîné, si peu, il y a longtemps déjà, on n'a bu que de l'eau.

C’est mieux quand il fait nuit dehors. On déambule de pièce en pièce, de lampe basse en livres dispersés. On a mis de la musique doucement ; une pavane pour infante défunte jouera si bien la partition d’un soir qui veut se prolonger, qui se prolonge.

Parfois, quand on est dans le métro aérien, on passe tout près des appartements, et l’on voit une femme qui quitte une pièce un verre à la main, comme pour célébrer son temps et son espace. On envie sa silhouette calme et détachée, absente et cependant les rideaux ne sont pas tirés. Elle a cette façon d’aller sans aller quelque part. Un verre de vin à la main, on a en soi ces images anciennes entr’aperçues, cette maîtrise devinée, toutes ces voluptés lointaines découpées par le trafic.

On ne prend pas un verre. On garde un verre dans sa main. On a goûté le vin à peine, ou pas, on ne s’en souvient plus, ce n’est vraiment pas ce qui compte. Il s’agit de tenir, de retenir, de différer, de ne rien entamer, le jeu est là. Comment vient ce pouvoir ? À tout instant du jour, au plus noir de chaque insomnie, on s’est senti avalé par le temps. Et voilà qu’on commande, simplement parce que le vin est à portée, que l’on n’engloutit pas, qu’on se refuse même à déguster, même à humer. C’est si bon d'inventer cette distance de la coupe aux lèvres. Mais le plaisir n'est pas en cause ; le vin ne sera pas meilleur de toute cette attente. Ce qui est bien c'est d'être soi, que la main soit si ronde, que l'on devienne l'élégance un peu flatteuse d'un geste faussement distrait, l'éternité d'une soif qui jamais ne s'étanche.

Mémoire sur le bout du doigt

L'index se promène sur l'écran de la tablette ou du smartphone. Des images passent. Parfois le doigt s'arrête, un sourire naît au fond des yeux. Un peu de passé proche vient à la surface. Étrange, cette façon de faire naître et d'abolir. Il y a une extrême précaution dans le principe. Une incantation de la surface. Une caresse étrange, du bout d'un seul doigt. On n'exhume pas. On ne consulte pas. On apprivoise.

On dirait bien que le smartphone ou la tablette ont changé la nature de la mémoire. La scène n'est pas miraculeuse : elle a été ordonnée, désirée. Les souvenirs semblent obéir. Mais ce n'est pas du tout comme une photo que l'on tient, que l'on oriente, qu'on colle aux quatre coins. La vie est là, mais de l'autre côté de la paroi. Le doigt qui la suscite, qui l'invite et la fait disparaître, ce doigt-là ne fait que semblant de commander. Il touche sans toucher, il vénère, il effleure. Il voudrait peser toujours moins, s'effacer, devenir juste un souffle.

Du coup, c'est le passé, qui semble mis en cause. A-t-on vécu vraiment ou n'a-t-on fait que frôler sans atteindre ? Il y a une résignation dans ce cérémonial infinitésimal, dans ce silence. Du bout du doigt, on ne peut qu'approcher. Ou pas même. Il reste comme un doute dans cette proximité si lointaine. On fait glisser sur un miroir ceux qu'on a cru tenir, tout ce qu'on a cru faire. Du bout de ce seul doigt qui ne veut rien effaroucher, rien ne coûte plus rien.

On découvre comme un raffinement de soi-même ; comme une lassitude aussi, par trop d'évanescence. C'est tellement parfait, tellement détaché. Les enfants, les amours, les paysages aimés se succèdent à l'horizontale, tracent un sillage sur la patinoire et s'envolent et se noient. Du bout du bout du doigt sous le glacier de la paroi.

La sagesse du pointeur

À la pétanque, le tireur est la vedette. D'un lancer ample et vif, il bouleverse les valeurs établies, envoie caramboler la boule qui « tenait », celle qui se trouvait tout près du cochonnet. Un son clair, triomphant, signe la perfection de son tir. D'une tout autre essence est la philosophie du pointeur. Il incarne la modestie, la relativité dans le succès. Pour lui, il s'agit seulement d'approcher. Il ne nie pas le sol, mais s'en fait un allié. Il s'accommode. Quand il s'accroupit dans le cercle où les pieds sont « tanqués », bien parallèles et sages, il prend le temps qu'il faut pour examiner chaque aspérité, chaque méplat de la surface, chaque piège. Il semble infiniment perplexe, attentionné. Son regard est celui du joueur d'échecs, de l'étudiant en trigonométrie séchant sur un problème. Quel est le chemin ?

Question de moine zen. Les voies du salut sont étroites.

Le pointeur fait tressauter la boule dans sa main. L'action sera la quintessence de son attente. Il touche à l'immobilité complète. Il y aura juste un mouvement de son poignet, quand le moment sera venu. Il s'agit moins de lancer que de retenir, et, plus subtil, de lancer en retenant. C'est la définition même de la vie. Choisir la liberté qui mène vers le but. La boule tourne dans l'espace, freinée par la rétention de l'élan qui l'a propulsée à regret. Elle touche le sol avec un bruit infime et mat, continue de rouler, d'apprivoiser le sens de son projet. Elle avance sur le terrain très plat, mais si loin d'être lisse – nous sommes sur terre. À la fin de la course, le destin se joue dans la décantation de la lenteur. Les adversaires et les coéquipiers s'approchent. Le pointeur reste en retrait, une petite moue aux lèvres, qui semble concéder : oui, pas trop mal, elle a pris, mais il y a encore de la place. Si le tireur adverse décide d'honorer cette approche en tentant aussitôt de la détruire, s'il y parvient, le pointeur ne perd pas patience, et puise en lui une concentration plus intense, davantage de réflexion, une retenue plus consommée. C'est bien la vie. Il faut toujours recommencer. Au bout de la partie, la boule qui fait gagner n'est jamais parfaite.

Quelle autorité !

Ça fait bien un quart d'heure qu'on est installés. Toutes les tables autour sont occupées. La musique des conversations a pris cette ampleur sereine qui s'installe quand les plats sont servis, qu'en incidente un des convives salue la fraîcheur des petits légumes. On ne s'est d'abord guère inquiétés, on n'est pas si pressés. Mais quand même, l'obstination du serveur à ne pas nous voir commence insidieusement à peser. On lui jette quelques coups d'œil à la dérobée, sans cesser le récit de notre anecdote. C'est tout un art, cette fébrilité sélective du garçon, attentif aux plus petits détails concernant les tables qu'il a déjà « en main », et frappé de cécité quant aux nouveaux clients, pas encore accueillis, pas encore bienvenus.

Ne pas être servi est une chose. Voir que les autres voient que vous n'êtes pas servi en est une autre. Dans le jeu des regards obliques, c'est cette infime pression-là qui va vous décider à tenter un geste. À trop subir, vous en viendriez à susciter la commisération, à frôler la déchéance. Alors vous levez une main qui se veut à la fois discrète et impérieuse – et ce n'est pas facile. Trop timide, votre signal sera noyé dans l'effervescence de la brasserie, provoquera la pitié conciliante de la table la plus proche, sans atteindre l'impavidité perverse du serveur. Trop énergique, votre bras brandi sera vulgaire, ridicule s'il n'est pas suivi d'effet, et désagréable pour votre commensal dont vous semblerez ne plus écouter les propos. Et puis vous ne souhaitez pas créer un rapport de force. Une bienveillance réciproque avec l'établissement reste espérée, ou doit se feindre.

Vous rapprochez la main de vos lèvres avec une espèce de suspension, d'hésitation, de lassitude découragée. C'est à cet instant-là, évidemment, que le garçon vous découvre, cligne des yeux dans votre direction comme si un nuage de brume vous avait caché jusqu'alors. Pour modérer l'audace de votre appel, vous irez chercher le timbre le plus suave et policé dont votre voix peut se nuancer pour demander : « Est-ce qu'on pourrait avoir la carte ? »

Prurit de l'autosatisfaction

L'homme content de lui. Dans un fauteuil presque toujours, sur une chaise à la rigueur. Il croise une jambe sur l'autre, à angle droit. Au début de la discussion, il se tient simplement la cheville, avance un peu le dos. Il semble à l'aise, pas pressé. Mais plus il parle, et plus ça le démange. Pourtant sa voix est bien posée, son écoute souriante et des plus conciliantes. Mais il joue avec l'entrebâillement de sa chaussette, et bientôt y engage l'index. Souvent, son uniforme est celui de la demi-décontraction corsetée : l'homme à responsabilité cravatée, mais qui a tombé la veste. Sa jambe de pantalon légèrement remontée découvre une zone blanche et lisse. Il serait injuste de parler d'exhibitionnisme – à peine d'un léger relâchement. Quand il écoute, son doigt ne bouge pas. Mais quand il parle, c'est plus fort que lui. Il ébauche d'abord une caresse, puis il commence indiscutablement à se gratter. On ne sait pas s'il veut se libérer du carcan de son costume, mais une chose est sûre : il aime sa chaussette. Il n'a l'a pas choisie par hasard, ou plus probablement on ne la lui a pas choisie par hasard.

Y a-t-il volupté ? A priori, on dirait bien que oui. Le gratouillis semble proportionné au désir de briller dans l'anecdote, au plaisir d'atteindre les confins de la sagacité. Quand même, cela devient bien insistant. En face, aucune opposition, rien à contrecarrer. Insidieusement pourtant, l'autosatisfaction devient auto-irritation, comme s'il s'agissait de se laisser aller à encourager un étrange eczéma. Les fourmis titillent à l'intérieur, et la peau parle, ne laisse pas de répit. Il se voulait du bien. Il se révèle, il se dérange.

Le coup de hanche et la mémoire

Un des premiers gestes du jour, avant le café sur le feu, la touche enfoncée de la radio. Presque un réflexe. On ouvrait les volets, et dans le même mouvement, on avait ce retrait de la hanche droite. Ça ne manquait jamais. Le chat rentrait de ses errances nocturnes ; il avait vu de la lumière, ou plus secrètement senti que la maison reprenait vie. C'était encore la nuit. Les premières fois, on avait eu un peu d'appréhension, peur d'une maladresse réciproque, de ne pas lui laisser assez de place, crainte qu'il nous griffe. Mais non. D'emblée, le mouvement était parfait, un infime frôlement le long de votre cuisse, une précipitation presque simulée, tant elle était devenue rituelle.

On lui lançait le genre de phrase qu'on se croit obligé de prononcer dans ces cas-là, une plaisanterie un peu commune sur ses frasques supposées. Le silence en retour signifiait : parle si ça t'amuse, je sais que tu vas me donner mon lait. Les rôles étaient distribués paisiblement, dans une sérénité fourrée, le jour pouvait venir.

Puis les années avaient passé, le chat était mort. Un matin, soudain, on s'était dit : « Toujours cette petite contorsion en ouvrant les volets, c'est fou. Il est mort il y a quinze jours au moins ! » À la tristesse se mêlait une fierté certaine. Je l'ai gardé dans mon corps. Je n'oublie pas.

Bien sûr, c'est là que commençait l'oubli. D'abord, ne plus ouvrir mécaniquement les volets, mais se regarder faire, sentir l'envie de se déhancher ; du coup, la réprimer. Le geste est presque là, le cultiver serait obscène. Et cette idée qui vient, cruelle : tout cela ne se commande pas. J'ai effacé le chat à la seconde où j'ai pensé m'en souvenir toujours.

D'une seule main la clémentine

La clémentine a la bonne taille. Elle vient se lover dans la main, et y trouve sa juste place. On l'éprouve du pouce ; sa consistance n'est ni dure ni molle. Sa peau légèrement grenue est agréable, sans sophistication soyeuse ni rugosité. On l'emporte partout. Au fond du sac, elle se glisse sans effort, ne tache pas, ne pèse rien. On peut l'extraire à tout moment, dans un moment creux de préférence. Manger une clémentine est un rite consenti par tous les entourages, une petite virgule concédée sans dégoût ni restriction, dans les voyages automobiles ou les trajets ferroviaires.

La volupté suprême est de commencer à la dépiauter d'une seule main, de l'abandonner du regard en continuant de lire un livre ou de consulter son smartphone. Quand la peau est trop fine, cela résiste un peu, mais elle a d'ordinaire une souplesse conciliante. Il faut insister au passage du filament central, précieusement préservé dans la consommation domestique, quand on veut en faire la mèche d'un minilampion, mais arraché, sacrifié dans la dégustation ambulante.

Cela semble une gageure, et pourtant on y parvient toujours. On tient l'écorce entière et le fruit dans la paume. Un parfum frais, léger, commence à s'épancher. On sait qu'il n'incommode pas les autres, leur dit des souvenirs de cours d'école avant l'étude du soir, ou d'hivernances. C'est qu'il est temps d'abandonner l'indifférence et de consacrer ses deux mains à la séparation des tranches. Là encore, la clémentine ne fait pas sa coquette. Sa bonne volonté fait penser à *Paul et Virginie*, un monde où les melons seraient nervurés pour que les humains puissent y découper des parts satisfaisantes. Mais dans la bouche le fruit sage et conditionné n'en explose pas moins, calme la soif, la faim, laisse planer dans les wagons entiers cette question troublante : est-ce la clémentine qui sent Noël, ou Noël qui sent la clémentine ?

La plage du chagrin

On va chercher la tempe. On va glisser le dos du doigt contre la joue, tout doucement. Assis face à face à une table de café. Il faut quelque chose qui sépare, un éloignement suffisant pour que le mouvement du bras soit lent, ferme, cérémonieux. Il faut bien se connaître, évidemment. Il faut que le silence soit installé depuis un bon moment, que les conversations, les enjouements tout autour soient devenus presque insultants. On est dans la tristesse de l'autre, on ne peut la partager vraiment avec des mots.

Subira-t-on une esquive, un refus, un détournement du visage ? On sait bien que non, qu'on peut oser. Il y a une géographie précise à respecter. De la tempe à la joue, en arrêtant le doigt bien avant la commissure des lèvres. Oui, c'est là que ça se passe. Un partage qui se veut consolant mais ne se fait pas d'illusion. Le dos du doigt trace une sorte de cicatrice douce, qui reconnaît le chagrin, le mal de vivre. C'est une blessure à l'envers, on n'a pas l'impudence de vouloir panser la plaie, on accompagne. Je sens je crois ce que tu sens, et je suis assez loin pour me vouloir tout près. Je fais passer l'envers de mon index sur cette plage presque abstraite, où je ne toucherai ni ta bouche ni tes cheveux. Et je souris à peine, et d'un air si navré, et tu hoches la tête imperceptiblement : oui, c'est si dur, rien n'y changera rien, effleure-moi quand même, tu ne peux davantage, merci de le savoir. C'est tellement mieux que parler, ce n'est plus tout à fait se taire.

Acquiescer sans bien savoir à quoi

Peu importe les propos qui ont précédé. Ce qui compte, c'est qu'on ne vous demandait pas une réponse précise, pas la promesse d'un rendez-vous, pas d'obéissance à un ordre, fût-il différé. Non, une parole qui réclamait juste un accord de principe, ou même seulement la preuve que vous étiez bien en train d'écouter. Souvent, celui qui parle se contente de ça. On a approuvé de la façon la plus neutre qui soit, sans enthousiasme, sans effarement, sans sourire.

On a commencé à hocher la tête, c'est normal, mais on continue à présent, pourquoi ? Et là, on sent bien que ça change, au fond de soi. C'est censé être un geste d'encouragement, mais cela se dilue bientôt dans un brouillard méditatif, plutôt mélancolique. Cette oscillation légère s'accompagne d'un regard perdu dans le vague, et comme résigné. On accepte. Ce qui vient d'être dit, oui, mais davantage encore : ce que l'on est, ce qui nous est promis, et une fatigue intérieure qui échappe malgré soi. Rien de grave, mais quand même une façon de dire que les choses sont tracées, irrévocables et tièdes. Trop acceptables, et bien trop acceptées. Souvent, on clôt la séquence en penchant une fraction de seconde la tête de côté, en haussant les sourcils dans une évocation presque palpable du doute ou de l'incertitude, mais davantage encore de l'assentiment au doute et à l'incertitude. Et ce n'est pas si mal au bout du compte de n'être sûr de rien, de vivre et d'acquiescer sans bien savoir à quoi.

Merci Isabelle Carré.

Jeu de paume

Quel geste viril ! Il s'effectue de préférence au cours d'une manœuvre un peu délicate, quand une concentration classique, les mains empoignant fermement le volant, semblerait requise. Avec une expression impavide, et souvent un mâchouillement de chewing-gum, comme une métaphore supplémentaire de décontraction affichée, l'automobiliste de paume fait son grand numéro. Il n'a pas besoin de ses doigts. Sa maîtrise de l'engin, il l'a dans la peau, dans la pogne. Un grand tourniquet du volant dans un sens, puis dans un autre. C'est James Bond au créneau.

Il y a une idée de légèreté dans le projet – je m'appuie à peine sur la surface des choses, et elles m'obéissent. Pourtant, curieusement, cette volonté d'effleurement recèle une violence à la fois arrogante et légèrement bestiale. C'est à cause de la paume déployée, exhibée : une sensualité de petit mec, qui juge les autres hommes timorés et pense que les femmes ont trouvé leur permis de conduire dans un baril de lessive. On peut, c'est évident, conduire sans se servir de ses doigts. Mais là, cela veut tellement dire je suis plus fort, plus désinvolte, plus futé, plus rapide, qu'au lieu de susciter l'admiration espérée, le frimeur est tout de suite détesté. Il sait bien qu'il est vu. Mal vu.

Messe pour le temps présent

Ils utilisent des oreillettes, mais pas le petit micro qui oblige à se rétracter un peu. Ils posent le téléphone sur la paume, qu'ils inclinent légèrement vers leur visage. Utiliser ce procédé dans un wagon bondé, un bus ou un compartiment de train serait à la fois malcommode et outrageant pour les voisins. Non, il faut un certain espace, une espèce de liberté mentale aussi, une capacité d'accueil. Ce n'est jamais pour une conversation hargneuse, des stress de rendez-vous manqués, des reproches. Souvent un sourire leur vient aux lèvres, un sourire qui s'adresse à l'autre, à la satisfaction de ce qu'ils entendent, à la qualité du rapport qu'ils entretiennent avec celui qui restera pour nous un inconnu, une inconnue. C'est drôle. En les regardant nous happons au vol quelques secondes un peu de vie qui ne nous concerne pas, et pourtant quelquefois un sourire nous vient aussi.

C'est beau, cette façon de célébrer leur intimité dans le souffle de l'air hivernal ou la rumeur ensoleillée de la ville d'été. Le téléphone plat sur la main plate, c'est comme s'ils incantaient un rituel, presque comme s'ils lisaient un livre de messe pour le temps présent, pour l'amour, l'amitié, et pour leur propre célébration. Certains, certaines y mettent un peu d'affectation, éloignent leur main davantage, comme si leurs paroles se réfléchissaient dans un miroir penché, comme si tout leur être offrait un peu de sa superbe au décor, à l'indifférence pour les passants, en faisait des exclus. Une parole délicate lance des ricochets sur un rectangle. Et c'est d'autant plus complexe qu'il joue la perverse partition de la technologie la plus froide, la plus détachée. Voyeurs de cet enchantement à peine méprisant nous en sommes cependant les enfants de chœur nécessaires, les spectateurs silencieux et fervents, parfois les inventeurs peut-être.

L'heure au gousset

On les voit dans des vieux films. Des hommes d'un certain âge, souvent replets, bourgeois, très sénateurs de la Troisième République. Entre deux propos doctes ou égrillards, ils sortent leur montre en or ou en argent de leur gousset. Ce mot gousset est douillet, confortable, il suggère déjà un rapport satisfait avec une excroissance abdominale arborée sans vergogne, et caressée sans déplaisir, au moment de s'enquérir de l'heure. Rien de frénétique dans cette gestuelle. La montre est fièrement brandie, consultée sans fièvre, en éloignant la main du corps.

Ces hommes-là possédaient-ils un autre temps ? Ils n'éprouvaient pas en tout cas la nécessité de surveiller constamment son défilement. S'ils étaient en retard, si les autres l'étaient, leur façon de le constater pouvait sans doute les conduire à l'agacement, mais leur système nerveux n'était pas taraudé de l'intérieur. Ils continuaient à présider à la manœuvre, reglissaient précautionneusement leur montre dans la petite poche. En costume trois pièces, ils présidaient au cours des choses.

Guillevic écrivait joliment : « On ne possède rien jamais qu'un peu de temps. » Les poètes disent toujours la vérité. Et cependant… Quand on retrouve une de ces grosses et belles montres d'autrefois, à la mort d'un aïeul, ou dans une brocante, on ne peut s'empêcher de penser au gilet, à la chaîne accrochée, à ce soupèsement, à ce cérémonial, à cette pesanteur. On n'était pas pareillement dévoré par le temps, quand on prenait bourgeoisement l'heure au gousset.

Fff fff, deux petits coups

On le sait bien, qu'il fait très froid. Ce n'est pas pour s'en assurer qu'on souffle devant soi un nuage d'haleine. Alors pourquoi ? On aborde le jour – ah ! oui, c'est toujours le matin, qu'on souffle ainsi – et l'on se sent à la fois libre et transi. Le général Hiver n'a pas attaqué par surprise. À son agression franche et massive, on ne peut répondre que par une attitude crâne et résolue de combattant. Oui, je suis là sur le trottoir, il gèle et je suis là, j'ai des projets, je suis en vie.

On souffle toujours deux fois. Deux petits coups rapprochés, toniques. Bien sûr, je vais m'attaquer à toute cette glaciaire abstraction de l'espace, ne comptez pas sur moi pour me dissoudre ou me pétrifier. Je suis une minuscule centrale thermique et regardez, je fais de la fumée. C'est un hommage à l'adversaire. Le froid n'a pas fait les choses à moitié ce matin. Mais j'aime les défis. Je les relève depuis tant d'années. Par ce nuage de fumée devant ma bouche je retrouve le chemin de l'école, cette magie de mettre un peu de moi dans les contours du paysage, cet étonnement, ce pouvoir. Un voile presque blanc sort de moi, se recueille un instant, puis se volatilise. Mais le décor en reste différent. Depuis le chemin de l'école jusqu'à aujourd'hui j'existe fort dans ces secondes-là. Je salue le froid, le froid salue mon énergie. Il ne transige pas, et moi non plus.

Sous la pluie battante ou le vent sournois on se réduit, on se fait oublier. Mais le grand froid vous tient la garde haute. Fff fff, deux petits coups, c'est le début du premier round, mon coach ne jettera pas l'éponge. Mon jeu de jambes est au plus vif, j'arpente le trottoir en liberté. Bientôt je vais entrer dans un café, quelqu'un dira « c'est du beau temps », et tout le monde au zinc approuvera. « Ça vaut mieux… » Oui, ça vaut mieux, ça vaut bien, c'est tellement meilleur pour la santé. Chacun aura soufflé ses deux coups en aparté, pas besoin de témoins pour ça. C'est entre soi et soi. Deux petits coups. Dans l'air polaire on a laissé sa signature.

Orgasme en public

C'est souvent à l'évocation d'une douceur simple, très pure, biologique, et plutôt à l'ancienne : du vrai pain perdu, une mousse au chocolat, mais une vraie de vraie, des framboises trempées dans de la vraie crème fermière. Alors, c'est plus fort qu'elles. Rien qu'à l'idée, elles ferment les yeux, renversent la tête en arrière, se cambrent délicieusement, et poussent un mmh presque guttural, venu du plus profond de la plus irrépressible volupté.

Les filles qui osent jouer jusqu'à la presque défaillance cette extase ineffable sont presque toujours jolies, et d'une minceur diaphane. Ce sont les mêmes qui à table refusent à peu près tout, éludent d'un sourire las la proposition de reprendre d'un plat, développent des stratégies savantes pour que leur quasi-anorexie reste à la fois dissimulée et courtoise. Elles sont trop fortes. Elles picorent comme des oiseaux, mais savent révéler en quelques secondes de simulation éperdue leur supériorité dans le domaine où on les attendait le moins : la gourmandise.

Il faut dire que leur pantomime a du chien, et davantage : une sensualité que leur parfaite élégance mène aux limites de la sexualité la plus aboutie. Malgré toute la perfection consentie de la scène, on est, selon son rôle, un peu gêné, un peu troublé. Et puis, très vite, et comme pour se venger, on s'interroge. Ces sybarites à temps partiel ne sont-elles pas quelque peu déphasées ? Si leur orgasme public peut prendre une dimension aussi suggestive, est-il allusif d'un épanouissement volcanique lorsqu'elles se livrent en secret ? Il est assez rassurant de se convaincre que ce n'est pas tout à fait le cas. Oui, leur meilleur amant, leur meilleure amante, c'est sans doute la seule idée de la mousse au chocolat.

Immobile polka

– Tu peux le prendre, si tu veux !

On veut toujours. Accueillir un bébé dans ses bras est un privilège, un gage de confiance qu'on n'a aucune envie de refuser. On ne pensait pas avoir si bien gardé en soi la forme du berceau, un bras un peu relevé pour soutenir la nuque, l'autre plus bas enveloppant les pieds, le bas du corps si léger. C'est bon, cette sensation de donner d'emblée chaleur, protection, d'éprouver physiquement le pouvoir de pacifier.

Si le bébé se met à pleurer, on va le rendre tout de suite, en disant que ce n'est pas grave, qu'il a raison de préférer sa maman. Quand même, il y a un enjeu. Est-ce pour conjurer ce risque qu'on pratique aussitôt ce petit tressautement de tout le corps ? Rien de frénétique, mais on se dandine presque automatiquement avec une vigueur paradoxale, comme s'il y avait urgence à instiller l'idée de douceur, à susciter un sourire, ou un endormissement bienheureux. Vue de l'extérieur, la tentative de séduction a quelque chose de brusque, de contre nature. Le porteur ploie sur ses jambes, et leur demande un mouvement de ressort qui monte jusqu'aux épaules. C'est comme une espèce d'ahanement, comme s'il s'agissait de reproduire le roulis d'un bateau, le cahotement d'une automobile, le tangage d'un train – tous les rythmes de ces moyens de locomotion qui ont pouvoir d'endormir les bébés. Vouloir donner cette paix-là en restant immobile, c'est se livrer à une danse verticale, sympathique et un peu ridicule, mais on s'en fiche. On a l'enfance contre soi, au creux de soi. On la célèbre comme on peut, d'une maladroite polka qui ne bougerait pas.

Les mains de Mona

On a beaucoup glosé sur l'énigme du sourire de Mona Lisa. On a parlé de sérénité, de finesse, d'une possible pointe d'ironie, d'une forme de plénitude discrète ou encore de malignité retenue – les esprits forts ont cru pouvoir y déceler une certaine niaiserie. Évidemment, s'il s'agit, comme d'autres l'ont affirmé, d'un autoportrait de Léonard de Vinci, toutes ces nuances sont quelque peu remises en cause, ou tempérées. On ne parle jamais de la position des mains de Mona Lisa, très apparente pourtant dans ce portrait de trois quarts face, et qui en constituent le soubassement ultime, le bas du bas de ce corps au port maintenu, à défaut d'être hiératique.

Le plus célèbre tableau du monde. La plus célèbre femme du monde. La plus belle ? On sait que les critères varient à ce sujet : les dryades de Rubens nous font moins frémir de désir que d'horreur. La Florentine Lisa Gherardini, épouse de Francesco del Giocondo – puisque la plupart des spécialistes s'accordent à reconnaître dans cette femme le modèle de la Joconde – a toujours dû sembler agréable, elle, même si notre regard a tendance à lui conférer une suavité un tantinet douceâtre et indolente. Mais que dire de ses mains, benoîtement posées l'une sur l'autre, dans une posture d'ennui, de désœuvrement absolus ? Certes, elle ne faisait rien d'autre que d'être peinte, au moment où pour les siècles des siècles Léonard l'a saisie. Tant d'autres modèles cependant ont infiniment mieux donné le change, livré une image d'abandon décalée, consentie. Le peintre a-t-il demandé à Lisa de poser de cette manière, dans un geste qui semble une absence de geste presque outrancière ? Ou bien l'épouse de Francesco a-t-elle choisi elle-même d'apparaître ainsi ? Elle ne savait pas en tout cas que pour l'éternité ses petites mains croisées inoccupées viendraient sournoisement mémériser le mystère de sa beauté.

Les paupières de l'oubli

On fait ça quand on a des lunettes. On les soulève seulement du pouce et de l'index, qui viennent masser en dessous les paupières fermées. On fait ça plutôt seul, et jamais en parlant. Le pouce et l'index semblent disproportionnés, presque antagonistes, l'un travailleur saucissonné, l'autre comminatoire ou réflexif, mais ils glissent sur les yeux fermés avec une insistance symétrique, de l'extérieur jusqu'à la base du nez. S'agit-il d'une nécessité physiologique ? Pas vraiment. Plutôt d'une espèce de retrait pacifiant, comme s'il s'agissait de se libérer d'une immense lassitude. Le visage penché vers le bas, on réitère l'opération trois ou quatre fois.

Les lunettes n'obéissent pas vraiment à l'équilibre de la manœuvre. Elles se positionnent de guingois – et c'est toujours l'index qui soulève davantage. La posture en prend un petit côté sympathique : on imagine facilement une scène de bureau dans un polar américain en noir et blanc. Les paupières ne sont pas fermées comme sur la plage, où elles se voilent à peine pour accueillir des myriades de protozoaires. Là, elles sont lourdement closes, en rupture de ban, l'appui des doigts ne fait que confirmer ce désir d'échapper. À quoi ? À tout, au stress de dix-sept heures, à la nuit qui commence, au refus momentané d'une tâche écrasante, à l'inéluctabilité d'un destin peu choisi, à peine remis en cause, juste aboli quelques secondes. On dissipe l'accablement en le soulignant. Ça y est, déjà on se revient. Juste avant d'ouvrir les yeux, c'est entre le pouce et le majeur écartés à l'extrême qu'on repositionne la monture, on retourne à la lutte du présent.

Chair et tissu

Une femme d'un certain âge. Elle porte des robes, des imprimés à fleurs, pratique ce genre d'élégance surannée qui fait s'exclamer le petit bonhomme de Sempé : « Mais où se cachent donc en hiver toutes ces femmes charmantes qui nous reviennent au printemps ? » Devant la boutique, sur le trottoir, elle aperçoit le portant et sa théorie de robes d'été si raisonnablement décolletées, motifs végétaux traités façon toile de Jouy.

Elle s'arrête. Elle est tentée, bien sûr, mais elle n'est pas du genre à se laisser imposer n'importe quoi. Dans le petit jeu de l'offre et du désir, elle tient à préserver son quant-à-soi, son sens de l'esthétique et celui de la juste dépense. Alors elle se penche, et sa main va chercher le bas de la robe, pourquoi ? Sans doute parce que là seulement elle peut saisir assez d'étoffe pour juger vraiment la texture. Tout coton, ou mélangée de synthétique ? Légère ou chaude ? Froissable, ou pas ? Une petite moue accompagne cette inquisition. Elle traduit le sérieux du rituel. La femme frotte entre ses doigts. Doucement, pour ne pas encourir de reproche. Bien sûr, ensuite, elle regardera la ligne, la coupe, évaluera les chances que ça lui aille, que ça corresponde à son style, ou lui permette d'en changer à peine. Elle demandera peut-être à essayer.

Mais son premier contact est plus viscéral. Avec sa chair, elle appréhende la matière. Derrière l'apparente rigueur, on sent la volupté dans cet agacement de doigts et de tissu. Toute une hérédité de savoir féminin l'encourage et la justifie. De la réticence objective au désir assouvi, il faut ce cérémonial du bas de l'ourlet, cette façon d'aller au fond des choses. Entre pouce et index, l'étoffe caressée ne donne plus le change. La coquetterie possible doit avoir l'aval de la vérité.

Les gestes de San Giacomo

Il y a des fontaines un peu partout, sur les places de Venise, mais celle du Campo San Giacomo da l'Orio sera toujours unique. C'est peut-être parce qu'elle est blottie entre deux bancs rouges écaillés qui dessinent un angle doux, surtout parce qu'elle s'adosse à deux jardinets où les enfants des écoles font des plantations, à l'ombre des platanes. Elle appelle un abandon, des rituels de fraîcheur décantée. La posture la plus récurrente est bien sûr celle des deux mains réunies en réceptacle, avant de boire. Mais davantage qu'ailleurs, les pieds osent s'écarter pour parer le rebond du jet sur la pierre plate. Ici on prend ses aises, on domestique le projet, tant pis pour l'élégance. Parfois, une jeune femme quitte ses sandales, présente l'une après l'autre ses jambes à l'eau vive. Elle est en short, ou bien elle relève sa jupe bien au-dessus du genou, surtout quand elle se penche, dilue la poussière de sa marche d'un lent mouvement du bout des doigts, jusqu'à la cheville. On voit alors une silhouette familière, un tableau fin dix-huitième ou début dix-neuvième, une féminité légèrement datée réinventée dans le jaillissement du présent.

On fait souvent la queue, à la fontaine de San Giacomo. Mais il n'y a pas de sensation d'attente, pas la moindre impatience. On a le temps, et c'est l'été. Des touristes séduits, bouteille de plastique en main, savent qu'il leur faudra mériter cette eau-là, puis la déguster sans hâte le long des calle, après s'être humecté le front, les joues.

Les enfants qui dessinaient sur le sol de la place avec des craies de couleur quittent à regret leur posture d'artiste, certains presque allongés, d'autres à genoux. Ils viendront laver leurs mains sans quitter du coin de l'œil leur œuvre. C'est l'heure de goûter peut-être, ou pas. Les gestes se succèdent, différents et semblables, adoucis, adoubés par la douceur de l'eau, la perfection de la fontaine à l'ombre de San Giacomo.

Passer la main sur un livre

On vient de vous offrir ce livre. Il recèle par essence une promesse de solitude, d'éloignement, de silence. Mais pour l'instant vous en parlez : oui, j'avais envie de le lire, non je ne l'ai pas, j'avais bien aimé le précédent, un peu moins le succès d'il y a cinq ou six ans… Le livre est posé sur la cuisse. Presque machinalement, on passe la paume de la main sur la quatrième de couverture. Au-delà des propos conventionnels que l'on continue d'échanger, on sent alors une forme d'apaisement. C'est un volume que l'on touche, que l'on éprouve sous la surface.

C'est curieux. Le babil autour de l'objet se poursuit, très consensuel et convenu, mais délicieusement le contact de la main vous emporte loin, malgré la sagesse apparente des postures. C'est froid et chaud à la fois, lisse comme la perfection d'un autre monde. Bien sûr, la personne qui vous l'a offert est amoureuse comme vous de la lecture. Pas plus que vous, elle n'est dupe de ces secondes où elle débite à son tour un rôle appris : j'ai beaucoup aimé, ça fait partie de ces bouquins qu'on n'a pas envie de finir, longtemps je me suis gardé les trois dernières pages…

Mais sous cet échange sincère plane comme une hypocrisie réciproque et nécessaire. Il faut bien que ce soit un objet d'une valeur ambiguë – affective et marchande. Nous savons tous deux que le livre est fait pour dépasser nos vies, nos rituels, et nos soirées ensemble. On passe la paume de la main sur la couverture. Il n'est pas encore tout à fait à moi. Sans le regarder, je touche et je pressens. Déjà c'est lui qui me possède.

L'effacement ostentatoire

Le trottoir n'est ni large ni étroit. On peut sans problème y passer à deux de front, même si l'étal de l'épicier déborde un peu. Mais il n'empêche. Vous l'avez senti tout de suite en la voyant s'approcher : la personne que vous allez croiser va s'arrêter, opérer un mouvement de retrait, s'effacer contre le mur, à l'angle du cageot d'oranges. Après tout, si cette manœuvre avait été vraiment nécessaire, vous auriez pu tout aussi bien en être l'instigateur, vous n'êtes pas si malotru. Mais le scénario est impitoyable : vous êtes débiteur d'un service que vous n'avez pas demandé, et qui ne présente aucune utilité. Le coup est rude. Du bout des lèvres, sans sourire, vous esquissez un merci des plus formels, dans lequel vous glissez une once de réprobation – avec un léger haussement de sourcils qui signifie : « gratuit, mais merci quand même ».

Vous avez eu le temps de voir à qui vous aviez affaire. Une personne très bien élevée. Trop. Une personne qui fait de sa bonne éducation non pas un acquis inconscient mais une démonstration offensive. Étrange attaque, qui prend l'apparence d'un humble repli, mais n'en dissimule pas moins la muette jubilation de se montrer plus courtois, plus attentionné, plus civilisé.

Votre obligataire n'a pas choisi sa victime au hasard. Elle n'affiche pas ses qualités pour les passants les plus indifférents, ceux qui restent rivés à l'écran de leur smartphone, ou chantonnent, le casque sur la tête. Elle a bien vu que vous n'étiez pas si éloigné de son propre univers moral et social. Elle sait que vous êtes vexé. Vous êtes contraint d'avancer : elle s'efface, elle a gagné.

Faire les carreaux

On s'y décide parce qu'il fait beau. On s'étonne de cette qualité de la lumière dès l'aurore, mais il faut s'y résigner : elle révèle impitoyablement les longues dégoulinures poussiéreuses sur les vitres. Vivait-on à ce point dans une prison opaque ? À l'ordinaire, les tâches ménagères inopinées ne déclenchent guère l'enthousiasme. Mais faire les carreaux, c'est autre chose. Il y a bien sûr la honte qui vient d'un coup, mais elle est vite dissipée, et laisse place à une jubilation quasiment triomphante. Pour repasser, pour passer l'aspirateur, on baisse la tête, on se soumet. Faire les carreaux relève d'une gestuelle bien différente. On ouvre, on respire, on prend le soleil en plein visage. On s'est autrefois laissé convaincre d'utiliser un produit spécifique d'un bleu glacé et d'une texture grasse qu'il fallait rincer à l'infini. Mais plus d'adjuvant désormais. Tout doit se jouer dans la transparence, avec de l'eau très chaude, un essuie-tout immaculé.

C'est d'une vive allégresse. La vitre est si ferme, elle résiste à l'énergie déployée. C'est un combat loyal, mais tout le contraire d'une sinécure. On croyait avoir nettoyé les deux côtés de la paroi : une ouverture de la croisée révèle des traces, un reflet engourdi, une indécise nébulosité persistante dans un coin. Parfois, quelques petits ronds de peinture blanche séchée requièrent le grattage du bout d'un ongle ; c'est qu'alors on s'approche de l'essentiel, même si l'on garde une prudente humilité. Et puis ça n'est pas si désagréable d'avoir à prolonger l'opération. Certaines tâches domestiques gardent une connotation légèrement infamante. Mais faire les carreaux, c'est célébrer les noces du dehors et du dedans, maîtriser un peu de mat dans le jour ébloui.

Séducteur de nature

Celui-ci est parfait. Plat, évidemment, mais pas trop mince, ni trop lourd ni trop léger. De l'index, on dissipe un peu de vase sèche, et puis on s'approche du fleuve. On ne se précipite pas. Il y a un vrai plaisir à sentir la chaleur oblongue du galet dans la paume. On n'a plus fait de ricochets depuis longtemps. Il faut un moment creux, détaché de tout projet, de toute contingence. Est-ce qu'on saura encore ? On sent que oui, qu'on a toujours en soi cette envie de fléchir les genoux comme si on dansait le twist, qu'on a surtout cette saccade du poignet prête à surgir, à surprendre la paix des lieux, la lenteur des gestes qui l'ont précédée.

Pas un souffle de vent, pas la moindre vaguelette, pas d'excuse. Une tentative de ricochet peut être ridicule, comme une boule de bowling qui part dans la rigole. Qu'est-ce que l'échec mettrait en cause ? Une prétention à l'habileté, mais surtout à montrer qu'on se sent à l'aise dans la nature, qu'on y a des souvenirs d'enfance et de liberté, un accord historique avec le paysage. Il faut résister à l'envie de lancer trop fort. Un premier rebond trop long, trop haut serait un pur gâchis de cette munition idéale que l'on tient entre les doigts. À la personne qui nous accompagne, on ne dit jamais : « Regarde, je vais faire des ricochets. » Tout est dans le non-dit, presque au deuxième degré, mais pas tout à fait quand même. Si l'on tente des ricochets, c'est qu'on n'a pas envie de se moquer de soi-même. Plutôt de révéler un talent gratuit en apparence, mais séducteur dans l'intention. De combien de rebonds se contenter ? Sept ou huit, oui, ça va, même si l'autre a tendance à minimiser le nombre des derniers soubresauts, infinitésimaux. La réussite est délicieuse. On n'a pas renoncé à jouer le rôle de Lebrac dans *La Guerre des boutons*.

Comme un sésame minuscule

On met l'extérieur du pied contre la balle qu'on veut ramasser. On descend le bras, pour approcher la raquette. On remonte la jambe, assez furtivement, pas trop haut. Ça y est, on peut faire rebondir la balle jaune sur le tamis, la glisser dans la poche de son short, ou la garder en main. On fait tout ça l'air détaché, comme une évidence. Ça ne l'a pas toujours été. Cela aurait été un peu humiliant de s'y entraîner. Même enfant, on n'avait pas envie de se montrer laborieux pour effectuer ce tour de passe-passe. Il faut d'emblée que cela ait un petit air acquis, qui doit paraître naturel : on est dans la culture du tennis.

Bien sûr, cela ne présage en rien d'un niveau tennistique, ça ne fait pas partie du jeu. Mais ça compte beaucoup dans le faux détachement qu'on peut arborer sur un terrain. Il y a un peu la même chose au foot, quand on parvient à relever le ballon du bout du pied, à le faire monter, avec un petit jongle. Dans les deux cas, c'est dévalorisant de se pencher, de ramasser. Voilà : on n'a pas besoin de courber l'échine. Au tennis, c'est capital, car on a beau dire : en dépit de la démocratisation de ce sport, une forme d'élégance aristocratique fait toujours partie de l'initiation. Au plus fort d'un set, et même si l'on est en train de perdre, il y a une secrète volupté dans cette remontée de balle. Cela fait contraste avec l'effort. Au cœur de l'affrontement, c'est comme une virgule qui semble dire j'ai le langage du tennis, je ne suis pas un béotien. On ne regarde pas ce que l'on fait, ça coule de source ; quoique mené 0-5, on évite l'infamie. Juste un tout petit truc qui signe un rituel d'appartenance.

Conduire un caddie

Le caddie est à la fois docile et rétif. Son large empattement, ses amples proportions appellent une consommation abondante et facile. Bocaux, boîtes et bouteilles ne demandent qu'à quitter les rayonnages pour plonger dans ce ventre à roulettes, excroissance vaguement obscène, métaphore d'une rencontre ouverte aux yeux de tous entre le désir programmé et le désir inopiné. Certes, vous avez dressé une liste, et vous vous y tiendrez, en ce sens que tous les articles prévus viendront habiter le treillage ambulant, et seront cochés sur la feuille. Mais cette satisfaction mentale ne vous empêchera pas de céder à la promotion sur les rosés de Provence, à la magnifique opportunité de trois fromages de chèvre au prix de deux, à la séduisante théorie des bouteilles de whisky so scottish – en en achetant une, vous vous emparerez de toutes.

Cela se fait à petits pas, avec un sentiment de parfait libre arbitre. Pourquoi dédaigner la barre qui sert à pousser ? C'est que ce poussage-là, mains rapprochées, épaules resserrées, semblerait soumis à une désagréable docilité. Non, vous n'êtes pas le jouet de stratégies organisées à vos dépens. Vous empoignez votre caddie aux deux extrémités, vous arpentez les allées en liberté, vous voyez large.

Vous n'avez que pitié pour l'amazone domestique qui vous dépasse. Frénétique, elle remplit sa mission coursière avec une frénésie qui semble un reproche – pas un regard inutile, pas une hésitation, une abeille dans sa ruche. Impitoyable, elle va droit à l'essentiel – et renforce délicieusement votre sensation de flâner davantage.

Pour votre part, vous menez le chariot à votre guise. C'est toutefois ainsi que vous concevez votre trajet buissonnier, jusqu'au moment où vous devez opérer un virage trop sec. La véritable personnalité du caddie se révèle alors : une nature frondeuse. Il devient brusque dans la translation, se raidit, puis se bloque. Vous jetez un coup d'œil sur les roulettes, qui ne vous semblent pas rouillées. C'est sa philosophie qui est en cause : le caddie n'aime pas tourner. Il est conçu pour aller tout au bout du longitudinal, vous faire saliver sans omission, sans rémission. Vous croyez le conduire, et c'est lui qui vous mène.

La torsion des groseilles

C'est un geste oublié je crois. Je l'aime bien car il est fort, et un peu dérangeant. Il met en jeu deux figures disparues : ma grand-mère et ma mère. Elles officient dans la cuisine, manches retroussées, debout, un peu inclinées au-dessus d'une bassine. Elles tordent une étamine de coton blanc remplie de groseilles. Le jus s'écoule vite, puis se ralentit, mais la torsion se resserre aux deux extrémités, impitoyable : il faut exprimer tout le suc. La mousseline est devenue plus sombre que le fruit, tout auréolée de mauve. Une légère sensation d'écœurement plane sur l'opération. Ces deux femmes que j'aime, ces deux femmes douces et fortes ne se parlent pas, concentrées dans la violence de leur effort.

C'est drôle. Il s'agit d'entamer la fabrication de la gelée de groseilles. Il y aura la cuisson dans le chaudron, l'écoulement dans les pots, le rouge solaire, rassurant, bientôt cacheté d'un disque clair de paraffine. Au bout viendra donc une sérénité sucrée, dont la touche à peine acide rappellera l'effraction de la groseille cueillie à pleines mains dans le jardin. Mais avant le plaisir, il aura fallu ce cérémonial vaguement barbare, peut-être à cause des connotations secrètes entre un linge blanc et des fruits rouge sang. Ces deux femmes si proches y sont devenues d'une énergie singulière. La chaleur de l'été les faisait transpirer. Elles étaient comme condamnées à une sorte d'acharnement cruel et nécessaire, à une posture infamante, une féminité poisseuse et lourde. Comment se dire que ce rite sanglant les menait à la transparence, ce geste convulsif à l'immobilité de la gelée ?

Le porte-clés lanceur de crêpes

Il appartenait à quelqu'un qu'on aimait, et qui est mort il y a un an. Un porte-clés en cuir beige fermé par un bouton-pression. Un objet qui devait sembler moderne au début des années soixante, mais qu'il avait gardé jusqu'à la fin de sa vie. Il le glissait dans la poche de son imper ou de son pantalon. Pratique pour les clés plates : celle de la maison, de la boîte aux lettres, du garage. Il soulevait le bouton du bout du pouce. Un pan de cuir biseauté s'écartait, révélait à l'intérieur, en haut, une petite barre métallique dorée, percée de trous minuscules où les clés restaient accrochées. Quand on en utilisait une, les deux autres passaient par-dessus bord.

C'est ce geste-là. Ce mouvement du poignet pour remettre les clés en place, avec un infime retrait, un peu comme quand on fait sauter une crêpe sur la poêle. Il faisait ça tout en parlant, cela n'avait rien d'un exploit. Mais quand même. Une certaine habileté, un zeste de souplesse, et presque de désinvolture. Au départ d'une promenade à pied partagée, ou pour aller faire les courses au village. Un bon moment tout simple à l'horizon. Le modeste tour de passe-passe des clés remises en place faisait partie du plaisir non dit d'être ensemble, de la bonhomie du jour.

Et puis voilà. On ne fait plus les courses ensemble. Parmi les objets de lui qu'on a gardés, on n'aurait peut-être pas envisagé d'apprivoiser ce porte-clés tout de même très désuet, indissociable d'un type de pantalon, d'un type d'imperméable. Mais l'autre jour on a ouvert sa boîte aux lettres, et les clés ont rejoué leur gymnastique d'évasion. Alors, ce sourire qui monte aux lèvres en tentant le coup de poignet du lanceur de crêpes. Si bon de retrouver tout le compagnonnage enfoui sous l'apparence d'un geste solitaire ! Si fort d'être à nouveau ensemble, décidés à partager le jour. Le jour d'avant, le jour d'après. L'invincible présent d'un retrait de poignet qui garde tout, et même la vigueur consolante du porte-clés démodé.

La bretelle électrique

Est-ce vraiment la bretelle du caraco qui tombe, ou bien veut-elle la laisser tomber ? Il n'y aura pas d'enquête. Juste trois points de suspension dans le silence, trois points de suspicion, trois points de trouble… Elle n'a rien dû sentir sur le moment. L'équivoque dure quelques secondes de délicieuse éternité. À quoi va-t-elle finir par réagir ? Au regard fasciné posé sur son épaule dénudée, au regard faussement fuyant ou au regard détourné ? Et s'il n'y avait qu'un constat objectif : la bretelle a glissé. Elle va la relever d'un geste un peu trop lent, sans lever les yeux. Doit-on deviner un léger agacement, et de quelle origine ? Agacement d'avoir une bretelle qui tombe, ou bien de susciter un voyeurisme policé ? On pourrait dire que les apparences d'une mise en ordre machinale sont sauvées, on le devrait, sans doute.

L'enjeu ne semble pas si capital. Ce n'est qu'une épaule, la terre ne va pas trembler ; la bretelle n'en cachait presque rien. Enfin… Elle sait, et vous savez : c'est bien plus compliqué. La symbolique de la chute n'est pas sans conséquence, et moins encore celle du glissement. Il y a des choses qui s'échappent, d'autres qu'on laisse s'échapper. Quand il s'agit de caraco, le champ des libertés se resserre dans le furtif, les nerfs sont titillés. Tout est dans la lenteur de la main qui remonte. Pense-t-elle que cela faisait négligé ? Une seule chose est sûre : elle sait que cela ne fait pas *que* négligé. Dans le rapport à la sensualité, à la féminité, à la conscience de soi-même sont inscrites en filigrane tant d'images passées, tant d'actrices incarnant des sauvageonnes sublimées. La révélation de leur nudité partielle se cristallise à l'ordinaire dans un cadre de pauvreté, ou de pureté bucolique. Mais ça peut être aussi bien plus ancien et confiné – dans le grand monde, David peignant Madame Récamier. Une bretelle qui tombe de l'épaule, c'est toujours un mystère. Comment se dire que cela pouvait exister bien avant l'invention de l'électricité ?

On se lève

On adore ce spectacle. On a ri souvent, et dès la première fois, avec une sensation de solitude. Avant le lever du rideau, on avait un peu jaugé le style de ce public de province. Plutôt âgé, plutôt bourgeois. Des abonnés, beaucoup. Ils évoquaient la pièce de la semaine passée, avec ce recul qui témoigne davantage de l'aisance sociale que de l'enthousiasme culturel. Ici, on garde son quant-à-soi, on ne se laisse pas éblouir par les tropismes parisiens.

Cet art consommé de la réserve va se pratiquer sans vergogne tout au long de la soirée. Les répliques les plus désopilantes ne vont soulever qu'un murmure discret, avec parfois un petit temps de latence qui fait douter à la longue d'une complète compréhension. Difficile quant à soi de ne pas éprouver une gêne pour les comédiens ; ils sont sans doute rompus à cette inégalité dans la vitesse de réaction des salles où ils se produisent, mais à plus d'une reprise on les a sentis légèrement décontenancés, ne pouvant plus s'appuyer sur ce qu'ils pensaient être des moments forts. On espère un léger remords du public au moment des saluts – on compte davantage sur son plaisir différé de pouvoir affirmer à ceux qui n'étaient pas là qu'ils ont manqué quelque chose. On applaudit très fort, on crie bravo – au moins, que la troupe puisse opérer une quantité de retours sur scène qui ne lui semblera pas trop dérisoire. Va-t-on pousser l'ardeur jusqu'à tenter de déclencher une standing ovation ? Dans la mollesse ambiante, cela paraît une pure provocation. On risque de se retrouver seul, et ridicule. En même temps, on sait qu'il en faut peu parfois pour susciter le panurgisme des foules. On jette un bref coup d'œil périphérique aux autres spectateurs. Ils restent assis, irrémédiablement rivés à leur fauteuil. Allez, c'est une question d'honneur, on se doit de manifester ses convictions – tant pis si elles prennent l'apparence d'un reproche à l'inertie des autres. On se lève. L'espace d'un instant, on pense avoir ce pouvoir fou d'infléchir le destin. Sur votre droite, n'avez-vous pas senti un frémissement ? Votre voisin s'est dressé à son tour. Mais il n'applaudit pas. Il a profité de votre surrection pour enfiler son manteau, et filer au plus vite. Le calice jusqu'à la lie.

Vinyle en double page

L'adolescence. Seul dans sa chambre. Les années soixante, la grande époque du vinyle. On mettait le disque sur le pick-up, on prenait la pochette, on s'allongeait sur son lit, les jambes repliées. On ne s'attardait pas sur le recto. C'était presque toujours un gros plan de face du visage du chanteur, le regard trop près, le nom écrit trop gros. Au verso, tous les titres légendés, les références du studio, du mixage, des arrangements. Mais la seconde qui comptait, c'était quand on ouvrait, quand on multipliait par deux la surface. À l'intérieur, on découvrait la grande photo sur la double page. On la posait sur ses cuisses. C'était un carton fort, jamais tout à fait plat. Important cet angle ouvert : on pénétrait un univers, mais on le recueillait aussi en soi, on lui donnait une espèce de relief qui s'accordait à la chanson, à la matérialité du son. Souvent en noir et blanc, la photo intérieure révélait vraiment quelque chose. Parfois, c'était dans la maison du chanteur, de la chanteuse, ou bien dans son jardin. On ne cherchait pas forcément à percer l'intimité de cette manière. On aimait aussi quand c'était un décor élu, Jean Ferrat sautant sur les pierres plates d'un ruisseau ardéchois, Simon et Garfunkel contre un grillage à Central Park, Jacques Brel marchant sur une plage belge. On restait là, on habitait l'image, on ne se trompait pas.

Plus tard, il y a eu les cassettes, il y a eu les CD. Au début, on se disait que ça serait génial, tout le petit cahier glissé dans le boîtier du compact. En miniature, cela donnerait une impression encore plus précieuse, encore plus belle. Mais il faut l'avouer : on n'a jamais passé vraiment de temps dans le petit cahier, on ne s'est jamais embarqué comme on le faisait sur son lit en découvrant la double page. Et maintenant, l'idée du disque s'est un peu envolée. On écoute des chansons en surimpression de la vie, c'est autre chose. Dans le métro, sur les trottoirs, beaucoup affichent un air ravi, pris par le rythme, ou les idées, beaucoup sourient, souvent, comme s'ils se souriaient à eux-mêmes.

En même temps, certains reviennent au vinyle, il paraît que c'est branché. Si ça se trouve, on va réinventer la double page – et replier les genoux sur son lit.

Ferrer un poisson

La pêche tranquille, le long d'un canal. C'est la première fois qu'on essaie ici. Au-dessus du chemin de halage, l'ombre du platane protège la berge, et s'étend sur l'eau, impose une tonalité de pois cassé. Plus loin sous le soleil, c'est un vert très british, une soupe à l'oseille avec un peu de lait. Dans la ligne qu'on jette juste au-delà des racines, seul le flotteur compte. Les décennies ont beau passer, on trouve toujours ce modèle, profilé tout en hauteur, et, dans les rayures alternées, du blanc, du vermillon, et cette couleur émeraude à peine satinée qui semble conçue pour se fondre dans l'eau du canal et s'en détacher par un infime éclat. Il y a juste les plombs qu'il faut : le bouchon s'est dressé, à la verticale de l'été. Rien ne bouge. Pas une ride à la surface, et pas un souffle d'air.

Dans l'idéal, on rêve d'une petite friture : des goujons, des ablettes, quelques gardons peut-être. Mais on n'est pas pressé. On veut à la fois que ça morde et que ça ne morde pas – surtout pas de stakhanovisme du pêcheur. La touche ne prendra de sens que si elle succède à une longue immobilité.

De fait, quand les premières secousses se manifestent, elles semblent irréelles ; on les attend, et cependant elles paraissent incongrues, tellement antinomiques de ce carré d'eau presque stagnante où le flotteur dérive à peine. C'est une sensation d'une brutalité magique. Trois, quatre petits coups avides ; le bouchon s'enfonce, remonte à la surface. On sait qu'il faut être patient – et pas trop. Cela n'a rien de mathématique, tout se passe à l'intuition. Il y a l'espace d'un instant une immersion plus profonde, plus sauvage : c'est là qu'on croit devoir agir. On ferre. On n'aura qu'une chance. Il faut tirer de biais, d'un mouvement très sec et cependant si maîtrisé – il ne s'agit pas d'envoyer tout en l'air, et d'accrocher la ligne dans les branches. À l'insolente audace du poisson répond la cruauté de ce geste de rapt, curieusement madré et franc en même temps. Un face-à-face sans se voir, dans l'eau qui devient trouble.

Le décalage du flipper

Le flipper vous donne une apparence à la fois dominatrice et désinvolte, plutôt macho, le haut du corps carré, les jambes souples, bras largement écartés, les mains posées sur les boutons latéraux. Pourtant, on ne commande pas grand-chose. En général, la première boule file vite vers le bas, et l'on frôle la catastrophe. On sauve l'essentiel avec une pression décalée sur les deux flippers, que l'on accompagne d'un mouvement de hanche évocateur du caractère désespéré de la tentative. La boule remonte. On n'avait pas vraiment visé, mais elle heurte vers le haut quelques minipanneaux, s'infiltre et rebondit entre les champignons cernés de blanc. On secoue un peu l'engin, des lumières s'allument. On ne consulte pas le score, on n'a pas le temps, mais quelques petits tchac, quelques déglutitions métalliques suggèrent l'idée d'une réussite amorcée.

Il n'en faut pas plus pour se sentir le roi du monde. C'est drôle. Les flippers ne tiennent plus beaucoup de place dans l'imaginaire collectif. Ils ne sont plus le centre des regroupements adolescents, le petit truc en plus qui sonnait juste, quand un film des années soixante ou soixante-dix voulait évoquer l'atmosphère d'un café, d'une brasserie – on en voit beaucoup chez Claude Sautet, juste à côté de la serveuse qui porte un miroton dans chaque main. Le flipper est désormais relégué dans un coin tranquille. Mais la gestuelle ne change pas, ni la décoration. C'est toujours américain, avec ces phrases incitatives « it's more fun to compete » ou simplement analytiques « one replay for each score of… ». Mais le plaisir reste le même, ce fin du fin de sauver la boule promise au gouffre avec cette combinaison du flipper droit, du flipper gauche, multipliant leur efficacité en différant d'un centième de seconde leur complicité virtuose, un peu comme on effectue au football un tir des deux pieds. Les chants désespérés sont les chants les plus beaux.

Un opéra pour pas grand-chose

Tout de suite, on sent qu'on va profiter d'une mise en scène. Elle a un peu de temps, un peu de place surtout. C'est dans un train presque vide : elle a pu investir seule un espace destiné à quatre passagers. Elle n'est pas particulièrement voyante, peu aguicheuse. En pénétrant dans le wagon, elle n'a semblé happer aucun regard. Elle a consulté son smartphone : petit temps de latence, sourire esquissé, et elle l'a glissé dans son sac.

Et puis voilà. C'est comme si on connaissait d'avance tout le scénario. Elle déploie ses bras en l'air, cherche une attache au-dessus de sa nuque. Mais pour déclencher l'avalanche capillaire, il faudra cette oscillation latérale de la tête, bientôt accompagnée d'un mouvement d'épaules. Alors, est-ce cette expression d'accablement un peu blasé qui traverse son visage, ou bien l'objective ampleur du déferlement ? Il y a tout un royaume indiscutable, l'essence d'une féminité dont elle pourrait à bon droit se targuer d'être propriétaire, et qui curieusement semble la dépasser. Elle en revendique l'opulence, mais la chevelure paraît tout à coup animée de sa vie propre, et commander.

L'enjeu est là. En fera-t-elle ce qu'elle veut ? Après quelques ébrouements délicieusement libertaires, sa crinière à présent semble obéir. Le manège des bras, des mains révèle une maîtrise consommée. Sans précipitation toutefois. Elle veut avoir le temps d'imaginer tous ses possibles, toutes les femmes différentes que ses coiffures enfuies sitôt que nées font défiler en deux minutes. Il y a des ramenés inattendus, des surprises révélées à dessein, d'autres à demi conscientes, une traversée du temps, aussi : l'espace d'un instant elle semble médiévale, éloignée dans sa tour. Une seconde après, elle jazze à Saint-Germain-des-Prés.

Une certitude un peu étrange cependant : on glisse imperceptiblement vers la résignation, la déception. Était-ce leur fugacité ? Toutes les phases intermédiaires ont semblé préférables à ce qu'on sent qu'elle va redevenir. De fait, on est surpris que ces écoulements de rivières, ces arabesques de volupté aient opiniâtrement voulu mener à ce petit chignon pratique, on le conçoit, mais curieusement rabougri, et comme antinomique de toutes les richesses abolies pour l'obtenir. Le nœud est paraphé bien sec, pas de salut, pas de rappel. Tout ça pour ça !

Génial !

À l'issue des combats de gladiateurs, les empereurs romains levaient le pouce de la mansuétude, ou abaissaient celui de la condamnation. Beaucoup plus tard, dans les cours d'école, le pouce levé au cours d'une partie de chat perché imposait une trêve. De nos jours, le pouce en l'air s'est fait hyperbolique, exprime une admiration au-delà des mots. Il existe toutefois une nuance assez paradoxale de cet absolu d'enthousiasme. Elle concerne une phase très récurrente du jeu de football.

Un attaquant se démarque, dans l'espoir de recevoir une passe ou un centre délivré par un partenaire. Mais la balle est interceptée par un défenseur, ou file bien loin devant le joueur, inatteignable. L'impétuosité habituelle des footballeurs devrait logiquement lui inspirer un geste de dépit, au moins une manifestation de déception pour sa course inutile. Mais, étrangement, le joueur frustré se tourne alors vers son coéquipier maladroit, et lève vers lui un pouce incongru.

Il ne s'agit pas d'une félicitation ironique, que le passeur eût à la rigueur méritée. Non, c'est beaucoup plus sympathique en apparence – et peut-être un peu plus calculé dans le fond. Par ce pouce levé faussement triomphal, notre attaquant célèbre seulement l'excellence d'une intention. Oui, c'est super que tu aies tenté de m'adresser cette passe. Et surtout, en dépit de ce premier échec, continue à me voir, à me solliciter, je dépends de ton bon vouloir, ne te décourage pas. On touche là à la subtilité la plus extrême de ce jeu certes collectif, mais dans lequel chacun joue aussi sa partition personnelle, préserve ses intérêts, joue la carte de sa carrière individuelle.

Si je veux marquer des buts, il faut que tu me fasses des passes. Avec mon pouce levé, j'utilise le langage de l'admiration pour exprimer l'imploration. Cela veut dire aussi fais-moi des passes à moi plutôt qu'à un autre : on signe aussi une sorte de reconnaissance de dette.

Les enjeux du football professionnel perturbent le naturel et l'authenticité des réactions, mais suscitent un tel engouement qu'on voit sur tous les terrains des enfants ou des amateurs reproduire cette dramaturgie, lever le pouce pour saluer une volonté d'offrande bien approximative. Génial : tu as raté ta passe !

Enfiler un duffle-coat

On met le duffle-coat ; quand on commence à le boutonner, on fait beaucoup plus que revêtir un manteau. Dans la corde presque marine, les boutons allongés se glissent sans aucun effort. Quand on était petit, celui du haut était taillé en sifflet. Pourtant, on ne dira pas du duffle-coat qu'il est un vêtement enfantin. Adolescent plutôt, comme celui des pensionnaires du *Cercle des poètes disparus* courant dans la forêt, la nuit, la lampe torche à la main. Et plus encore estudiantin, avec la pipe et la deux-chevaux, et peut-être davantage estudiantin prolongé – Gaston Lagaffe errant sur les trottoirs en marge de l'orthodoxie sociale, toujours au bord d'un minicataclysme.

On aime incarner tous ces personnages en endossant la laine lourde, en imaginant la capuche, qui ne sert pas souvent, mais propose une bosse de confort désinvolte. On ne cherche pas la perfection du pardessus sanglé, on peut se moquer de soi-même. On le sait pourtant, le duffle-coat passe très bien dans les codes bourgeois, couvre souvent un costume bleu marine de cadre supérieur aux tempes argentées. On peut se dire qu'il y a plusieurs façons de le porter, qu'on a choisi dessous le jean, le col roulé, qu'on marche en duffle-coat avec les pensées d'Alain Souchon sur une plage belge. Et qu'au moment de l'enfiler, surtout, on sent que le duffle-coat est une façon de tout garder, l'enfant, l'adolescent, le trop adulte – hélas – et de rester fan des sixties, amoureux d'une certaine idée de l'Angleterre.

Regarder son whisky

Dans les westerns et les films policiers américains en noir et blanc, les personnages avalent d'un trait leur whisky, sans même porter les yeux sur le verre. C'est drôle. On ne peut pas dire que tous ces alcools, ces bourbons engloutis cul sec, d'un geste mâle et désabusé, ne comptent pas dans l'envie que l'on a de sacrifier au rite. Mais on fait cependant tout le contraire.

On est dans l'immobilité, carré dans un fauteuil en fin de soirée. La suractivité des cow-boys et des truands s'est engloutie dans l'ambre jaune. Il en reste juste une connotation dévoyée de virilité. Pas de glaçon, pas d'eau. Un verre large et une ration bien raisonnable en apparence – on arrête aussitôt la main qui verse. Le whisky, c'est une idée, une alchimie. On le contemple avec satisfaction. Les Al Capone et les John

Wayne ont disparu. Ce qui s'impose maintenant, c'est l'Écosse et l'Irlande. Du chômage, des fumées d'usine, des cheminées rouges, des nuages lourds courant sur des plaines d'un vert tour à tour opaque et phosphorescent, presque noir sous la pluie, éblouissant et velouté au moindre rayon de soleil. Le mot *tourbe* pèse son poids de confusion végétale dans le regard qu'on porte sur ces trois centimètres d'horizontalité trompeuse. D'autres mots rudes viennent s'y mêler, l'arête de sonorités âpres, déchiquetées, l'envoûtement d'autres notes sourdes et concaves, Talisker, Aberlour.

Regarder son whisky, c'est s'étonner qu'une tonalité d'automne ensoleillé puisse receler tant d'ombres menaçantes, une sérénité parfaite engouffrer tant de vents déchaînés. On le sent bien. Les premières gorgées feront surgir et déferler cette sauvagerie, tandis qu'on gardera le masque de l'impassibilité. Mais on n'est pas pressé. On s'abîme, on contemple. On se noie.

Le cuir du noisetier

C'est à la fois plus et moins qu'un cadeau. À l'ère des jeux vidéo, cela peut paraître un tantinet décalé d'offrir à un enfant un bâton sculpté. S'il a l'âge des « on aurait dit que », l'âge des duels, des histoires de chevaliers, l'espoir demeure. Autant qu'à un enfant, c'est un cadeau qu'on va faire à une enfance – un cadeau qu'on se fait à soi-même.

On sait qu'il faut trouver une branche de noisetier. Il y a une satisfaction profonde à se dire que l'Opinel n° 6 qu'on a toujours en poche va servir. On s'assoit sur une grosse pierre. La première incision n'est pas trop audacieuse. Juste un petit anneau pour délimiter la garde de l'épée. La peau du noisetier est un cuir tendre. Elle a d'infimes rides, quelques boutons clairs, une souplesse qu'on n'a pas oubliée. Il faut garder la main légère, tracer d'abord deux cercles parallèles assez profonds pour ne pas dépasser, après, quand on commencera à entamer l'écorce. Sous le brun se cache du vert pâle, une protection ligneuse qui couvre le bois blanc, presque mouillé. C'est très doux de l'atteindre, et de ne rien blesser.

On tient à présent la lame à pleine main, le travail devient minutieux. En même temps qu'on sculpte, on se regarde sculpter – c'est à la fois si rituel et si rare, cette gestuelle végétale. C'est comme si on avait en soi tous les prés, tous les ruisseaux, l'évidence d'avril brillant sous le ciel clair, toutes les pâquerettes, toutes les fleurs de pissenlit. Le premier cercle est réussi. On en fait deux, puis trois, on tente une rangée de majuscules, un peu comme un totem indien. Alors, on est prêt pour l'exploit, le sinusoïdal, le contourné. Millimètre à millimètre, on commence à tracer des lettres, tout un prénom. On rate bien quelques virages, on laisse un peu de vert, on coupe un peu de bois dans la courbe du *c* qu'on épaissit pour escamoter la faute – tant pis, le *c* sera trop large. L'après-midi s'avance, on se sent fier de tout ce temps passé, ô, surtout pas perdu ! Gagné, et regagné.

La pavane des draps pliés

– Tu peux m'aider à plier les draps ?

Plier les draps. Il y a quelque chose de spécial dans ces trois mots. Une sérénité. Quand les draps sont pliés, on les range dans l'armoire. On met de la fraîcheur à l'abri dans le sombre, du propre en secret dans l'oubli. Mais avant, il faut cette danse : on s'écarte, on se fait face, comme pour une pavane. Qu'importe si on n'en a jamais dansé. On ressent dans tout son corps la chorégraphie ancestrale de ce pliage, de ce muet dialogue. La juste distance est un défi à trouver pas à pas. On ne dit pas « recule encore un peu », on le suggère d'un hochement de tête. Les deux bras levés, on se sent à la fois manant dans un village et nobliau de cour.

Le protocole est courtois, mais énergique. Le mouvement pour tendre le tissu le fait claquer comme un drapeau. Il y a toujours comme une nuance de reproche dans le premier ajustement, un petit soubresaut du poignet qui réprouve toute mollesse. Après, le rythme vient, puis l'harmonie, quand on commence à plier en quatre, en huit. Enfin, l'étoffe se fait étroite et lisse, on peut se regarder. On va se rapprocher, mais pas en même temps. L'un des deux doit faire les premiers pas. Mais on n'hésite pas. Après le premier salut plutôt rude, un accord est venu, une aisance, une souplesse partagée. On sait quel est celui qui doit attendre, quel est celui qui doit venir. C'est de la danse, et davantage.

Il y a des places

Un geste désagréable, effectué dans l'intention de mêler l'insolence et le mépris. Peu diplomatique en tout cas, et qui ne vous disposera pas à la clémence. Visiblement, la personne couchée sur les deux sièges, le dos tourné au couloir, n'a pas cru bon de s'inquiéter de l'arrêt du train. Les écouteurs sur les oreilles, une tablette à la main, elle est plongée dans la consommation d'un film auquel il paraît impensable de la soustraire. Profondément éloignée de l'éventualité d'imaginer que de nouveaux voyageurs sont en train de pénétrer dans le wagon, elle baigne dans une atmosphère de retranchement inexpugnable, saupoudrée de miettes de biscuits. Par malchance, elle occupe notamment la place que vous aviez réservée. Un peu impressionné par son isolement résolu, vous vous y prenez à deux fois pour vérifier le nombre inscrit sur votre billet. Pas d'autre recours : vous finissez par lui tapoter l'épaule.

Alors, c'est comme si elle tombait de la planète Mars. D'un mouvement maussade, elle enlève ses écouteurs. Quelle outrecuidance de l'arracher aux délices d'un chef-d'œuvre du septième art où les gros plans sur les narines des protagonistes tiennent lieu de communication subliminale ! Toutefois, il semble qu'elle analyse bien vite la situation, pour quelqu'un qui était à mille lieues de l'envisager. Vous formulez le plus doucement possible l'information qui va la combler d'aise. Mais son horripilation est au-delà des mots. Elle lève le menton, et bientôt son regard balaie l'ensemble du wagon pour y trouver la confirmation de ce qu'elle espérait : il y a d'autres places libres, vous êtes un mauvais coucheur de lui dénier le droit d'être couchée. Devant cette pantomime hostile, ce coup d'œil périphérique vulgaire et dédaigneux, quelque chose en vous se raffermit, vous affirmez votre désir d'occuper votre place. Alors elle lève le camp, en maugréant, en prenant tout son temps. C'est drôle : vous vous sentez très serein, à présent. Vous lui tendez même obligeamment son paquet de Petit Lu, qu'elle abandonne d'un haussement d'épaules. Pas de vacances ensemble, on se consolera.

Mains croisées dans le dos

Ce sont surtout les hommes, qui font ça. Les vieux, plutôt les secs – les bedonnants répugnent à mettre trop en avant leur abdomen. Peut-être ont-ils ce geste parce qu'ils ont été formés à une époque où mettre ses mains dans les poches était considéré comme un geste de mauvaise éducation. Mais surtout, serrer ses mains dans son dos est comme un gage de liberté, et de détachement. Ils marchent à petits pas, ils s'arrêtent. Ils ont envie d'être comme frappés par un spectacle qui mérite l'immobilité – mais il y a beaucoup moins de curiosité que de fatigue.

Les mains croisées dans le dos, ils sont devenus spectateurs. Le temps de leur effort est révolu, même si les stigmates sont perceptibles dans leur silhouette tassée, leur déambulation un peu trop raide. Une brocante leur va bien, car les arrêts sont justifiés par un sujet qui n'est le plus souvent qu'un pur prétexte. Ce n'est pas si embarrassant de demander à la petite fille si elle vend bien ses poupées. Bien sûr, c'est plus facile de commenter l'usage d'un outil agricole, ou mécanique, avec des phrases partagées sur le progrès qui n'engagent pas à grand-chose.

Les mains croisées dans le dos, ils hochent la tête, ou ils sourient, puis reprennent le cours. Ils ne sont ni moralistes ni amers. Ils rendent grâce au monde d'exister sans eux, mais de les laisser s'approcher comme s'ils faisaient partie du jeu. Ils sont courtois dans leur façon de ne rien demander, de ne rien réprouver, d'avoir une chemise bien repassée dont ils ne remontent pas les manches en plein été. Les années ont passé beaucoup trop vite jusque-là, mais avoir des années est une chance, ils ne s'en plaignent pas.

Les mains croisées dans le dos, ils ne pensent pas qu'il n'y avait rien d'intéressant à la brocante. Ils sont sortis.

È finita la scuola !

Le 9 juin, cela paraît bien tôt. Mais il est vrai qu'ici, à Venise, on vit déjà à l'heure de l'été. Depuis le matin, de place en place, derrière les murs, on entend des chants, des applaudissements, des rires. Le dernier jour d'école pour les classes primaires ! À midi, les enfants déferlent, sans danger. Les calle, les campi leur appartiennent, comme ils appartiennent aux gens âgés. Pas de risque d'auto, de moto, de vélo. Le corps ne se méfie pas. On entend toutes les voix ; et celles-ci, plus haut, plus fort. Les voix flûtées de cinq enfants, trois filles, deux garçons, ivres de liberté. Ils peuvent avoir six ou sept ans. Dans la calle tortueuse qui mène au Campo San Margarita, ils se déploient tout à coup dans un mouvement d'ivresse spontanée. Ils se sont pris la main et courent, heureux de leur audace qui n'éveille que des sourires, une tendresse amusée, un peu d'envie. Lequel s'est mis à chanter le premier « È finita la scuola ! » ?

Quelques notes basiques, mais leur jaillissement crée l'harmonie. Une victoire collective, qui semble sans acrimonie contre l'école – on aimerait bien être les professeurs d'enfants comme ceux-là. C'est davantage un hymne clair à l'idée des vacances, c'est moins la fin de quelque chose que l'allégresse du présent, qui trouve en eux sa cadence, sa musique, sa chanson, ce joli mouvement surtout, main dans la main, caracolant sur toute la largeur de la venelle. C'est bien, la vie, le 9 juin, dans la calle, en plein midi. On les regarde. On se sent mieux. Et pourquoi tout à coup penser au roi de Ionesco qui répétait : « Je voudrais redoubler ! » ?

Remonter ses manches

Pendant un bon moment, cela reste une virtualité que l'on repousse. Il y a un certain plaisir à garder ses manches longues boutonnées, surtout depuis que la mode encourage à laisser les pans libres flotter sur le pantalon. On est dans le coton, le lin, évidemment. Pas des chemises de banquier à enfermer dans un costume. La ligne slim fit revendiquée par l'étiquette invite à faire de la chemise seule un petit théâtre de coquetterie.

Le plus longtemps possible donc, les manches boutonnées. On reste un personnage respectable et frais, plus fort que la chaleur. On a la classe, mais sans appuyer – les autres devinent bien qu'on déteste les polos portés col relevé.

Tout en parlant, en cheminant, on se sent doucement gagné par la tentation d'une ouverture. C'est le geste, qui fait envie : défaire le bouton, remonter juste le tissu au-dessus du poignet, bien loin du coude. C'est davantage une proposition mentale qu'une respiration physique. Il y a un côté mousquetaire à se défendre ainsi de la parfaite rectitude et de l'enfermement. Dans le feu de la discussion, cela peut signifier quasi inconsciemment qu'on gardera son libre arbitre. Si l'on flâne en solitaire, c'est avec le décor qu'on installe ainsi une once de désinvolture. Deux tours sur l'avant-bras, pas plus, mais un autre être dans le monde, un homme libre, un peu artiste, qui réussit cette gageure de tenir l'équilibre entre décontracté, sophistiqué.

Frêle équilibre. Cette première remontée de manche est toujours un peu lâche, et le tissu demande à retomber. On y revient deux ou trois fois, car l'on éprouve un faible pour cette demi-mesure de la séduction.

Et puis il fait trop chaud, on est trop entravé. Alors on roule, ou l'on replie. Au-dessus du coude, ça tient bien, mais c'est autre chose. L'élégance peut-elle y tenir ? Plutôt, dans le meilleur des cas, une image un peu rétro, des films tournés sur la Libération, ou la guerre d'Espagne – un style de gauche, ça console.

Déjà, on est tenté de redescendre, et de reboutonner.

Avec une chemise, on peut être plusieurs. C'est bien, d'avoir plus d'un tour dans sa manche.

Le matin qui se penche

On l'accompagne sur le chemin de l'école, le matin. C'est drôle : le soir, il n'y a pas la même inclinaison, la même volonté de secret partagé. Pourtant, il y aurait davantage à interroger, à susciter, à écouter. Mais le chemin du matin fait que l'on se penche. On n'est pas en avance, et l'école est bien proche, et on va l'y laisser. Quelques minutes sur le trottoir, dans la rumeur fraîche de la ville qui commence à monter. Est-ce qu'on regrette alors de ne plus être un enfant ? Non, pas vraiment, on est plutôt content de ce qu'on a à faire, toute une journée devant soi, ces rendez-vous, tous ces projets. Sisyphe le matin est un privilégié d'avoir à rouler une pierre. Mais on respecte infiniment l'idée de sa journée d'écolier ; ça c'est encore bien plus sérieux, toute cette nouveauté du monde qu'il va devoir apprivoiser, lettre à lettre, page à page.

On ne lui parle pas d'école, et lui non plus n'en dira rien. Ce qui compte, c'est d'être ensemble, et d'échanger des mots faciles, en lui tenant la main, ou pas, en s'inclinant vers lui. C'est étrange : on le recueille en soi parce qu'on avance. La protection très appuyée de cette posture serait pure indécence dans l'immobilité. Mais l'accord est tacite : il aime bien, il vous laisse vous courber vers lui qui marche droit, cartable sur le dos. Vous savez que cela gâcherait tout, si vous lui portiez ses affaires. Vous êtes deux destins parallèles et complices. Le trafic des autos, mais surtout des motos, des scooters, contraint à cette position si l'on veut bien s'entendre. On s'entend bien.

Elle se regarde l'écouter

Elle colonise la chaise à côté d'elle, pour y poser le coude sur le dossier, et s'appuyer, le visage penché, la main repliée contre sa joue. Elle secoue juste une fois ses cheveux, sans excès. Tout dans sa posture signifie : « Voilà, je suis tout ouïe. » Gratifiant pour son compagnon, qui n'est à l'évidence ni son mari ni son amant. Un ami d'élection, quelqu'un qui a cent mille choses passionnantes à dire.

En tout cas, c'est le moment. La ville semble loin, le parc est si profond, l'ombre si douce, la fontaine au fond de l'allée chuinte si faiblement. Il commence à parler. Quel homme résisterait à cet appel, quel homme n'a en lui ses réserves de discours ? À peine a-t-il marqué un temps de silence pour s'émerveiller de cette invite absolue, voluptueuse et longue, si éloignée des objections que les joutes entre mâles ne manquent pas de susciter. Il faut honorer cette belle attente. Une anecdote un peu enjolivée ne fera pas l'affaire. Il lui faut se lancer dans l'évocation d'un projet audacieux, qui viendra prendre à contrepied tout ce qu'elle sait de son train-train de vie, justifiant enfin la qualité d'âme qu'elle lui prête.

Elle n'a pas l'air surpris, et c'est tant mieux, mais un doute léger se lève. Écoute-t-elle tout à fait ? Son assentiment évoque davantage le bien-être physique que le partage intellectuel. Elle se regarde l'écouter. Elle joue d'un doigt dans ses cheveux, concentre son regard dans une approbation extrême où il finit par discerner une sorte de voile, une douceur très vague et comme exténuée. Elle est jolie ainsi, et même d'une beauté grave qu'il ne décèle pas chez elle d'ordinaire. Une question lui vient aux lèvres, juste un écho à provoquer. Mais non, l'instant est trop précieux, à quoi bon se risquer ? Il faut continuer à parler, et puis la regarder se taire.

L'extase du selfie

Il y a bien sûr les manches télescopiques, qui s'emparent de l'appareil, permettent presque tous les angles, les photos de couple ou de groupe, devant n'importe quel décor. Ça, c'est l'artifice avéré, le tourisme naïf et assumé devant le mont Saint-Michel ou au creux des gondoles. Mais dans l'avalanche culturelle du selfie, le geste fondateur demeure le bras tendu – le plus éloigné possible de soi-même.

On peut le faire bon enfant, je me suis pris avec Zidane, avec Macron, avec Bruel. Les grands de ce monde en sont toujours flattés, ce sont eux qui comptent sur le cliché. Plus essentiel et plus spécieux est le bras qui s'étend seulement dans la solitude, pour se photographier soi-même. Il peut encore s'appuyer sur un vague alibi – si je m'envoie sur Internet, tu pourras voir en arrière-plan Piccadilly Circus ou la pyramide du Louvre, le but de mon voyage, de ton léger étonnement. Mais il y a, de plus en plus fréquente, la main qui s'éloigne pour ne prendre que soi. Un soi avantageux, au bout de la tension du bras. Une exaltation de son propre visage – avec un peu d'entraînement, le sourire éblouissant, la pose énigmatique ou sensuelle peuvent ne requérir qu'une fraction de seconde. Avant, après, vient comme un étonnement, peut-être une inquiétude. Si vite dissipée, si vite recréée. Est-il si nécessaire de se trouver beau ? Dans certains cas, cela paraît si évident, dans d'autres presque une gageure. Mais le visage ingrat ne se refuse pas l'angélisme extatique.

Les psychologues se régalent. Il y a tout leur arsenal, le ça, le je, le moi, dans ce théâtre du reflet. Mais quelle part de moi dans tout ce jeu ? Est-ce qu'on s'invente un peu à s'éloigner de soi, à étendre son bras ? Est-ce qu'on s'approche à s'écarter – est-ce qu'on existe ?

Ensemble loin

On a fait l'amour. On pourrait dire qu'on est encore en train de faire l'amour. Mais non. La main cherche l'épaule de l'autre et s'y pose autrement. On vient de trouver le plaisir presque ensemble. Il semble que l'on est encore dans le plaisir, et cependant déjà si tranquilles, si sages. C'est bon de sentir toute la différence de ce geste, avant le moindre mot. Bon de sentir que, sans rupture, un vieux compagnonnage tendre se rétablit si vite, juste après. On a cru franchir des limites, toujours ce sentiment de franchir des limites, sans quoi l'amour ne serait rien. Et voilà qu'au-delà de la frontière le pays est à la fois nouveau et familier.

On prend l'autre par l'épaule, on le prend contre soi, on reprend souffle. Il y a comme une infime hésitation, une curieuse intimidation, juste après tant d'impudeur. Le temps a beau passer, c'est toujours neuf. Il y a comme un pont à traverser entre la confiance d'oser, et la confiance de se retrouver après. Finalement, c'est peut-être le geste le plus difficile, parce que les apparences ont raison : ce n'est pas tout à fait la même entente, ce serait trop facile, il n'y aurait plus le désir. C'est la seconde où la sécurité d'épaule ne vient pas forcément de celui qui encercle, ni de celui qui est encerclé. On risque à deux, on risque le silence, l'étonnement des deux confiances préservées, quand on a tant voulu se découvrir. On se connaît, mais on se change, aussi, sinon le jeu ne vaudrait pas l'enjeu. On va peut-être dire une bêtise. Dans une minute, ou deux, mais pas avant. On reste la main sur l'épaule. On est ensemble loin.

Table

DU MÊME AUTEUR

Le Bonheur, tableaux et bavardages
Le Rocher, 1986, 1998
et « Folio », n° 4473

Le Buveur de temps
Le Rocher, 1987, 2002
et « Folio », n° 4073

Les Amoureux de l'Hôtel de Ville
Le Rocher, 1993, 2001
et « Folio », n° 3976

L'Envol
Le Rocher, 1996
Magnard, 2001
et « Librio », n° 280

Sundborn ou Les Jours de lumière
Le Rocher, 1996
et « Folio », n° 3041

La Première Gorgée de bière
et autres plaisirs minuscules
Gallimard, « L'Arpenteur », 1997

La Cinquième Saison
Le Rocher, 1997, 2000
et « Folio », n° 3826

Il avait plu tout le dimanche
Mercure de France, 1998
et « Folio », n° 3309

Paniers de fruits
Le Rocher, 1998

Le Miroir de ma mère
(en collaboration avec Marthe Delerm)
Le Rocher, 1998
et « Folio », n° 4246

Autumn
Le Rocher, 1998
et « Folio », n° 3166

Mister Mouse ou La Métaphysique du terrier
Le Rocher, 1999
et « Folio », n° 3470

Le Portique
Le Rocher, 1999
et « Folio », n° 3761

Un été pour mémoire
Le Rocher, 2000
et « Folio », n° 4132

Rouen
Champ Vallon, 2000

La Sieste assassinée
Gallimard, « L'Arpenteur », 2001
et « Folio », n° 4212

Intérieur : Vilhelm Hammershøi
Flohic, 2001
et Éditis, 2009

Monsieur Spitzweg s'échappe
Mercure de France, 2001

Enregistrements pirates
Le Rocher, 2004
et « Folio », n° 4454

Quiproquo
Le Serpent à Plumes, 2005
et « Petits Classiques Larousse », n° 161

Dickens, barbe à papa
et autres nourritures délectables
Gallimard, 2005
et « Folio », n° 4696

La Bulle de Tiepolo
Gallimard, 2005
et « Folio », n° 4562

Maintenant, foutez-moi la paix !
Mercure de France, 2006
et « Folio », n° 4942

À *Garonne*
Nil, 2006
et « Points », n° P1706

La Tranchée d'Arenberg
et autres voluptés sportives
Panama, 2007
et « Folio », n° 4752

Au bonheur du Tour
Prolongations, 2007

Ma grand-mère avait les mêmes
Les dessous affriolants des petites phrases
« Points Le Goût des mots », 2008 et 2011

Quelque chose en lui de Bartleby
Mercure de France, 2009
et « Folio », n° 5174

Le Trottoir au soleil
Gallimard, 2011
et « Folio », n° 5403

Écrire est une enfance
Albin Michel, 2011
et « Points », n° P2976

Je vais passer pour un vieux con
et autres petites phrases qui en disent long
Seuil, 2012
et « Points », n° P3230

Les mots que j'aime
« Points Le Goût des mots », 2013

Elle marchait sur un fil
Seuil, 2014
et « Points », n° P4070

La Beauté du geste
Seuil, 2014
et « Points », n° P4668

Les Eaux troubles du mojito
et autres belles raisons d'habiter la terre
Seuil, 2015
et « Points », n° 4422

Journal d'un homme heureux
Seuil, 2016
et « Points », n° P4687

Et vous avez eu beau temps ?
La perfidie ordinaire des petites phrases
Seuil, 2017
et « Points », n° P4932

EN COLLABORATION AVEC MARTINE DELERM

Les chemins nous inventent
Stock, 1997
et « Le Livre de poche », n° 14584

Fragiles
Seuil, 2001 et 2010
et « Points », n° P1277

Les Glaces du Chimborazo
Magnard Jeunesse, 2002, 2004

Paris, l'instant
Fayard, 2002
et « Le Livre de poche », n° 30054

Elle s'appelait Marine
Gallimard Jeunesse, « Folio Junior », n° 901, 2007

Traces
Fayard, 2008
et « Le Livre de poche », n° 32381

Secrets d'albums
Seuil, 2016

Pour la jeunesse

En pleine lucarne
Milan, 1995, 1998
et « Folio Junior », n° 1215

C'est bien
Milan, 1995
et Milan poche, « Tranche de vie », n° 37

Sortilège au Muséum
(illustrations de Stéphane Girel)
Magnard, 1996, 2004
et « Folio Junior », n° 1707

La Malédiction des ruines
Magnard, 1997, 2006

C'est toujours bien !
Milan, 1998
et Milan poche, « Tranche de vie », n° 40

Ce voyage
Gallimard Jeunesse, 2005

C'est trop bien
Milan, 2017

RÉALISATION : NORD COMPO À VILLENEUVE-D'ASCQ
IMPRESSION : NORMANDIE ROTO IMPRESSION À LONRAI
DÉPÔT LÉGAL : SEPTEMBRE 2019. N° 134282 (1902725)
Imprimé en France